D1671192

Christa und Reinhard Abeln

# Ich will mit dir sprechen, lieber Gott

Kindergebete

Verlag Butzon & Bercker Kevelaer
R. Brockhaus-Verlag Wuppertal

Die Deutsche Bibliothek – CIP-Einheitsaufnahme

**Abeln, Christa:**
Ich will mit dir sprechen, lieber Gott : Kindergebete /
Christa und Reinhard Abeln. - 2. Aufl. - Kevelaer :
Butzon und Bercker; Wuppertal : Brockhaus, 1992
  ISBN 3-7666-9665-3 (Butzon und Bercker) Pp.
  ISBN 3-417-24622-9 (Brockhaus) Pp.

ISBN 3-7666-9665-3 Verlag Butzon & Bercker
ISBN 3-417-24622-9 R. Brockhaus Verlag

2. Auflage 1992

# Inhalt

*Liebe Eltern!*

„Was können wir für die rechtzeitige und sinnvolle religiöse Erziehung unserer kleinen Kinder tun?" Sicher haben Sie sich schon öfter diese Frage gestellt, besonders dann, wenn Sie mit Kindern zu tun haben, die im Kindergarten- und Vorschulalter sind.

Meine Antwort lautet: Beten Sie mit Ihren Kindern. Wer mit Kindern zusammenlebt, sollte nicht nur mit ihnen essen und trinken, Freude und Leid mit ihnen teilen, sondern auch bemüht sein, daß seine Kinder von klein auf eine Beziehung zu Gott bekommen.

Kein „Mittel" eignet sich dafür so gut wie das Gebet. Helfen Sie mit, daß Ihre Kinder auf diese Weise vom ersten Augenblick ihres Daseins an ein Verhältnis zu Gott bekommen. Kinder sollten lernen, die Erfahrungen, die sie in und mit ihrer Umwelt machen, frühzeitig in das Gespräch mit Gott – der ja hinter dieser Umwelt steht – einzubringen.

Dieses Gebetbuch will Sie bei Ihrer Aufgabe unterstützen. Sie können mit den Kindern die schönen bunten Bilder betrachten und über das Gesehene miteinander sprechen. Da die Kinder im Kindergarten- und Vorschulalter noch nicht (oder kaum) lesen können, sollten Sie ihnen immer wieder die Gebete vorlesen – heute dieses, morgen jenes.

Tun Sie alles, damit Ihre Kinder über die konkreten Dinge und Menschen ihrer Umwelt ganz langsam und sanft Gottes Nähe erfahren. Wenn dies erreicht ist, wird es den Kindern eines Tages nicht schwerfallen, das mit Ihnen Begonnene fortzusetzen und im Laufe der Jahre zu einem selbständigen Beten zu kommen.

„Wo zwei oder drei in meinem Namen beisammen sind, da bin ich mitten unter ihnen", heißt es in der Heiligen Schrift. Helfen Sie mit, daß Ihr Kind Gott den Platz in seinem Leben einräumt, der ihm gebührt; daß es den unsichtbaren Gott, zu dem es spricht, als den Grund allen menschlichen Vertrauens und Geborgenseins erkennen lernt; daß es Gott zeit seines Lebens dankbar sagen kann: „Du machst mich froh, guter Gott."

Dieses Gebetbuch enthält Gebete und Bilder aus vier im Verlag Butzon & Bercker bereits erschienenen Gebetbüchern (Ich mag dich, lieber Gott; Grüß Gott...; Wie schön ist deine Welt; Sonntag ist heute). Auf vielfachen Wunsch von Eltern, Erziehern und Buchhändlern wurden die schönsten Texte und Zeichnungen zu diesem „großen" Gebetbuch zusammengefaßt. Einige Texte sind neu hinzugekommen.

Verlage und Verfasser hoffen, mit dem vorliegenden Gebetsangebot vielen Eltern, aber auch zahlreichen anderen Erwachsenen – Großeltern, Erzieherinnen im Kindergarten oder Seelsorgern – eine Hilfe bei der religiösen Erziehung der ihnen anvertrauten Kinder zu sein.

*Reinhard Abeln*

## *Ich bin geborgen*

Lieber Gott,
ich wohne zu Hause bei Mama und Papa
mit meinen Schwestern Monika und Katja.
Ich bin der (die) Jüngste in der Familie.
Wir sind glücklich und verstehen uns gut.
Wir haben uns alle lieb.
Bitte, lieber Gott,
laß uns immer glücklich sein!


Lieber Gott,
du hast mir liebe Menschen geschenkt,
mit denen ich zusammenlebe:
meine Eltern und meine Geschwister.
Sie kümmern sich viel um mich.
Sie helfen mir, wenn ich Hilfe brauche.
Für jeden danke ich dir.
Ich bin so froh,
daß wir eine Familie sind!

Lieber Gott,
ich habe einen lieben Vater.
Jeden Abend freue ich mich,
wenn er von der Arbeit heimkommt.
Er liest mir Geschichten vor,
erzählt mir Märchen,
spielt mit mir Eisenbahn.
Manchmal
bauen wir eine Burg
aus Legosteinen
oder machen ein Wettrennen
mit meinen kleinen Autos.
Das macht Spaß.
Danke,
lieber Gott,
für meinen Vater!

Lieber Gott,
du hast mir eine gute Mutter geschenkt.
Jeden Tag sorgt sie für mich:
Sie kocht das Essen,
wäscht das Geschirr ab,
putzt die Wohnung,
hilft mir beim Anziehen,
bringt mich in den Kindergarten.
Mama ist immer für mich da.
Sie spielt mit mir,
nimmt mich in den Arm,
tröstet mich, wenn ich weine,
geht mit mir spazieren,
bringt mich abends ins Bett.
Ich bin froh,
daß ich eine so liebe Mutter habe.

Lieber Gott,
wir haben auch einen Hund.
Er heißt Flocki und ist sehr lieb.
Jeden Tag füttere ich ihn
und gehe mit ihm spazieren.
Wir beide spielen oft zusammen.
Am liebsten fährt er mit mir Roller.
Er sitzt unten auf dem Brett und bellt.
Das sieht sehr lustig aus,
und die Leute lachen.
Lieber Gott, ich bin so froh,
daß wir den Flocki haben.
Ich will immer gut zu ihm sein.

Lieber Gott,
ich bin gesund,
dafür danke ich dir.
Ich habe liebe Eltern,
dafür danke ich dir.
Ich habe genug zu essen,
dafür danke ich dir.
Ich habe nette Freunde,
dafür danke ich dir.
Ich bitte dich, lieber Gott:
Hilf mir, daß ich zufrieden bin!


Lieber Gott, ich bitte dich
für alle Kinder dieser Welt:
für alle, die traurig
und unglücklich sind,
die keine Eltern haben,
die geschlagen werden,
die niemand lieb hat,
die nicht wissen,
wie schön eine Familie ist,

die krank sind,
die jeden Tag Hunger haben,
die vor Bomben und Krieg
Angst haben müssen.
Lieber Gott, hilf,
daß alle Kinder glücklich werden!
Du hast sie doch alle lieb.

Lieber Gott,
ich bin gern zu Hause:
bei Mama und Papa,
bei meinem Bruder
und bei meiner kleinen Schwester.
Ich danke dir, lieber Gott,
daß ich in einer Familie leben kann.
Ich bin sehr froh,
daß ich nicht allein bin.
Bitte, hilf allen Kindern,
die keine Eltern
und keine Geschwister haben,
daß sie einen Menschen finden,
der sie lieb hat!
Amen.

Lieber Gott,
heute bin ich besonders froh.
Ich habe ein Brüderchen bekommen.
Ich danke dir,
daß Mama es geboren hat.
Es ist ein gesundes Baby.
Morgen darf ich Mama und das Baby
im Krankenhaus besuchen.
Ich kann es kaum erwarten.
Ich bin so gespannt,
wie mein Brüderchen aussieht.
Lieber Gott, hilf,
daß das Baby gesund bleibt!
Laß es zusammen mit Mama bald
zu uns nach Hause kommen!
Amen.

## *Ein neuer Tag beginnt*

Lieber Gott,
ich bin aufgewacht
und beginne einen neuen Tag.
Am Himmel scheint hell die Sonne.
Ich mag das gern,
wenn ich morgens aufwache
und sehe, wie schön es draußen ist.
Ich danke dir, guter Gott,
daß es die Sonne gibt
und noch so viel Schönes.
Ich bin gern auf deiner Welt.


Wie fröhlich bin ich aufgewacht!
Ich hab geschlafen die ganze Nacht.
Hab Dank im Himmel, du Vater mein,
daß du wolltest bei mir sein!
Bewahre mich an diesem Tag
vor allem, was mir schaden mag!

Lieber Gott,
Mama hat mich geweckt
und laut gerufen: „Bitte aufstehen!"
Ich habe eigentlich keine Lust dazu.
Ich bitte dich, lieber Gott:
Mach mich munter,
und laß diesen Tag schön werden!


Lieber Gott,
die dunkle Nacht ist vorbei.
Ich danke dir, daß ich gut geschlafen habe.
Ich bitte dich:
Beschütze mich heute, meine Eltern,
meine Geschwister, Oma und Opa…
und alle, die ich kenne!


O Gott, du hast in dieser Nacht
so väterlich für mich gewacht.
Ich lob und preise dich dafür
und dank für alles Gute dir.

Lieber Gott, du machst,
daß es Tag wird,
daß ich gesund aufwache,
daß meine Eltern da sind,
daß ich gute Freunde habe,
daß ich in den Kindergarten
gehen kann...
Du bist so gut zu mir.
Jeder Tag ist ein Geschenk von dir.
Dafür möchte ich dir danken.


Guten Morgen, lieber Gott!
Gib uns heute unser Brot!
Laß uns lachen und nicht weinen!
Lasse deine Sonne scheinen
bis in unser Herz hinein!
Du wirst immer bei uns sein.
Amen.

Guter Gott,
es ist draußen wieder hell geworden.
Laß diesen Tag schön werden!
Laß die Sonne über alle scheinen,
über Mama, Papa und auch über mich!
Beschütze unsere ganze Familie,
damit keinem heute etwas passiert!
Paß auf jeden von uns auf!
Danke, lieber Gott!


Zu dir, o Herr, erwache ich;
du bist mir nah, drum freu ich mich.
O gib, daß ich den ganzen Tag
vor deinen Augen leben mag!

Lieber Gott,
draußen ist es jetzt hell.
Die Sonne scheint schon.
Ich bin nicht mehr müde.
Heute nacht habe ich
fest geschlafen.
Ich habe nicht schlecht geträumt.
Ich habe keine Angst gehabt.
Du hast mich beschützt.
Gib mir einen schönen Tag,
lieber Gott!
Amen.


Guter Gott!
Ein neuer Tag fängt an.
Ich möchte tun, was du willst.
Ich möchte zu Mama und Papa
freundlich sein.
Ich möchte mich mit meinem Bruder
und meiner Schwester vertragen.
Ich möchte mit meinem Freund

einmal ohne Streit spielen.
Ich möchte, daß viele Menschen
nett zueinander sind.
Hilf mir, lieber Gott,
gut zu sein!
Amen.


Hilf, lieber Gott, und steh mir bei,
daß dieser Tag gesegnet sei!
Amen.

Wenn die Sonne aufgegangen,
und der Tag hat angefangen,
will ich Gott im Himmel droben
fröhlich und von Herzen loben.

Mit dem lieben Sonnenschein
und den Tieren groß und klein
und mit allen schönen Dingen
will ich ihm mein Loblied singen.
Amen.

*Volksgut*

Guter Gott!
Ich habe es doch gleich gesehen:
Heute wird das Wetter schön.
Das finden alle Kinder toll.
Wir können dann miteinander
herrliche Dinge tun:
Roller fahren,
Fußball spielen,
zum Spielplatz gehen
oder zum Baden fahren.
Lieber Gott, ich freue mich
über das schöne Wetter.
Vielen Dank für den heutigen Tag!
Amen.

## Gute Nacht, lieber Gott!

Lieber Gott!
Nun leg ich mich schlafen,
nun geh ich zur Ruh,
mein Vater im Himmel,
behüte mich, du!

Gütiger Gott,
es ist nun dunkel geworden.
Der Mond und die Sterne
leuchten am Himmel.
Ich danke dir für alles Schöne und Gute,
das ich heute erleben durfte.
Beschütze in dieser Nacht
meinen Papa und meine Mama,
meine Geschwister und auch mich!
Bleibe du bei uns!

Lieber Gott,
die Sonne ist untergegangen,
und die Nacht ist da.
Am dunklen Himmel steht der Mond,
und unzählige Sterne leuchten.
Mit Papa stehe ich draußen
und schaue in die schöne Nacht.
Ich danke dir, lieber Gott,
daß du die Nacht gemacht hast.


So ein schöner Tag war heute,
lieber Gott, und soviel Freude
hast du wieder mir gemacht.
Dankbar sag ich: Gute Nacht!

Lieber Gott, heute habe ich
etwas sehr Schönes erlebt:
Mit unserer Kindergartengruppe
waren wir in einem Park.
An einem Teich saß ein Frosch
und quakte laut.
Peter und ich haben ihn gefangen.
Wir wollten ihn zu Hause
in ein großes Gurkenglas setzen.
Aber unsere Erzieherin sagte:
„Ein Frosch gehört ins Wasser
und nicht in ein Glas!"
Da haben wir ihn laufen lassen.
Schnell hüpfte der Frosch
wieder in den Teich.
Das war ein wunderbarer Tag.
Gute Nacht, lieber Gott!

Lieber Gott,
beschütze in dieser Nacht alle Menschen!
Beschütze besonders meine Eltern,
Geschwister und Großeltern!
Beschütze die Leute von nebenan
und alle, die ich liebhabe!
Beschütze die Traurigen und Kranken!
Beschütze alle, die jetzt noch
unterwegs sind: mit dem Auto,
der Bahn, dem Schiff oder dem Flugzeug!
Beschütze auch mich, lieber Gott!


Lieber Gott,
es ist Zeit zum Schlafen.
Ich danke dir für den Tag.
Sicher war nicht alles richtig,
was ich getan habe.
Dafür bitte ich um Verzeihung.
Es ist nicht immer leicht,
das Richtige zu tun.
Bitte, hab Geduld mit mir!

Lieber Gott, Papa hat erzählt,
daß am Abend
nicht alle Menschen
ins Bett gehen dürfen.
Die Leute, die die Zeitung
von morgen machen,
müssen wachbleiben.
Viele Ärzte und Krankenschwestern,
Lokführer und Taxifahrer,
Polizisten und Feuerwehrmänner
müssen aufbleiben
und den Menschen helfen.
Ich danke dir, guter Gott,
für alle Menschen,
die heute nacht für uns sorgen.
Amen.

Lieber Gott,
heute war ein guter Tag.
Ich habe viel Schönes erlebt:
zu Hause, im Kindergarten,
auf der Straße, beim Einkaufen...
Ich habe Mama und Papa geholfen.
Mit meinen Geschwistern und Freunden
habe ich keinen Streit gehabt.
Das ist nicht immer so.
Ich bitte dich, lieber Gott:
Schenk mir noch viele schöne Tage!


Bevor ich mich zur Ruh begeb,
zu dir, o Gott, mein Herz ich heb
und sage Dank für jede Gabe,
die ich von dir empfangen habe.
Und hab ich heut mißfallen dir,
so bitt ich dich, verzeih es mir!
Dann schließ ich froh die Augen zu.
Es wacht mein Engel, wenn ich ruh.
Amen.

Lieber Gott,
manchmal habe ich abends Angst:
wenn es dunkel im Zimmer ist,
wenn meine Eltern fort sind,
wenn es draußen anfängt
zu blitzen und zu donnern,
wenn...
Ich weiß, daß du mich liebhast.
Darum bitte ich dich, lieber Gott:
Nimm alle Angst von mir weg!
Behüte mich in jeder Nacht!


Lieber Gott,
heute abend bin ich zu müde,
um dir viel zu erzählen.
Ich möchte dir nur sagen:
Du bist mein bester Freund.
Du bist immer bei mir und läßt
mich auch im Dunkeln nicht allein.
Vielen Dank, lieber Gott!

Bevor der Tag zu Ende geht,
hör, lieber Gott, noch mein Gebet:
Für alles Gute dank ich dir.
War ich nicht brav, verzeih es mir!


Lieber Gott!
Nun bin ich müde
und gehe gleich ins Bett.
Doch vorher möchte ich noch
mit dir sprechen.
Das war heute ein schöner Tag!
Am schönsten war es im Zirkus.
Was ich da alles gesehen habe!
Elefanten mit Affen auf dem Rücken,
Clowns, die ganz viel Spaß machten,
Männer, die durch die Luft flogen,
und einen Zauberer mit tollen Tricks.
Mir fällt gar nicht mehr alles ein.
Danke für diesen schönen Tag!

Guter Gott,
heute haben Papa und Mama,
mein Bruder und ich
eine weite Fahrt gemacht.
Das war toll!
Unterwegs haben wir
viele Dinge gesehen.
Wir danken dir, daß wir
wieder gut zu Hause
angekommen sind.
Jetzt möchten wir schlafen,
wir sind alle sehr müde.
Schenke uns eine gute Nacht!
Amen.

Lieber Gott,
draußen ist es jetzt dunkel.
Am Himmel scheinen der Mond
und die Sterne.
Gleich mache ich die Augen zu
und schlafe ein.
Mein Hampelmann schläft schon.
Heute war ein herrlicher Tag.
Ich bin gerannt und gesprungen.
Ich habe gesungen und gespielt,
gelacht und einmal auch geweint.
Ich danke dir für alle Freude
und für deinen Schutz.
Schenke mir und Papa und Mama
eine gute Nacht!
Amen.

Müde bin ich, geh zur Ruh,
schließe beide Augen zu.
Vater, laß die Augen dein
über meinem Bettchen sein!
Hab ich Unrecht heut getan,
sieh es, lieber Gott, nicht an!
Alle, die mir sind verwandt,
Gott, laß ruhn in deiner Hand!
Alle Menschen, groß und klein,
sollen dir befohlen sein.
Amen.


Ich lege mich nieder
und schlafe ein.
Ich wache wieder auf,
denn der Herr beschützt mich.

*Aus den Psalmen*

## Wir essen und trinken

Lieber Gott,
jeden Tag kocht Mutter das Essen.
Mittags steht alles auf dem Tisch:
Kartoffeln und Gemüse,
Gurken und Tomaten,
Fleisch und Pudding...
Von allem ist reichlich da.
Lieber Gott,
es schmeckt mir so gut.
Ich danke dir,
daß du uns zu essen gibst.


Danket Gott, denn er ist gut,
groß ist alles, was er tut!

*Aus den Psalmen*

Lieber Vater im Himmel!
Wir freuen uns,
daß wir leben und gesund sind.
Das verdanken wir dir.
Du bist der Geber alles Guten.
Auch das Essen auf dem Tisch
haben wir von dir bekommen.
Wir bitten dich:
Sorge heute, morgen
und an jedem Tag für uns!
Amen.


Lieber Gott,
für Speis und Trank
sagen wir dir
Lob und Dank.
Amen.

Auf dem Felde wächst das Brot,
bewahrt vor Hunger und vor Not.
Dankbar wollen wir es essen
und die Armen nicht vergessen.


Gott, segne unser täglich Brot!
Gott, schütze uns vor aller Not!


Komm, Herr Jesus, sei unser Gast
und segne, was du uns gegeben hast!
Amen.


Für das Essen dank ich dir,
Herr, du bist so gut zu mir.

Guter Gott, wir danken dir
für dieses Essen
und für alle,
die es uns zubereitet haben.
In anderen Ländern
haben viele Menschen
nicht genug zu essen.
Auch in unserer Stadt
werden bestimmt nicht
alle Menschen satt.
Lieber Gott, wir wollen lernen
zu teilen, was wir haben.
Wir wollen überlegen,
wie wir anderen helfen können.
Segne jetzt unsere Mahlzeit!
Amen.

## *Meine Eltern haben mich lieb*

Lieber Gott,
wenn wir einkaufen gehen,
paßt meine Mutter auf mich auf.
Sie nimmt mich an die Hand,
damit wir uns nicht verlieren.
Vielen Dank für meine Mutter,
die mich so schön beschützt!
Ich habe sie sehr lieb.


Lieber Gott,
was machte ich ohne meine Mutter?
Sie ist immer für mich da.
Wenn sie einmal nicht zu Hause ist,
ist es gar nicht schön.
Oft stehe ich dann am Fenster
und warte auf sie.
Beschütze meine Mutter,
damit ihr nie etwas passiert!

Lieber Gott, weil du so gut bist,
hast du mir so gute Eltern gegeben.
Sie mögen und lieben mich.
Sie sorgen für mich, wie sie nur können.
Dafür danke ich dir.
Gib ihnen ein langes Leben,
eine gute Gesundheit
und an jedem Tag viel Freude!
Ich will mithelfen,
daß sie immer froh sein können.


Lieber Gott, heute ist kein schöner Tag.
Papa hat schlechte Laune,
Mama hat schlechte Laune.
Beide schimpfen miteinander,
beide schimpfen mit mir.
Ich weiß nicht, was los ist.
Bitte, lieber Gott,
laß morgen alles wieder gut sein!
Sonst bin ich traurig.
Bleib immer bei uns!

Lieber Gott,
Vater sagt zu Mutter: Liebling.
Er gibt ihr einen Kuß,
wenn er zur Arbeit geht.
Abends spielt er mit mir
und bringt mich oft ins Bett.
Wir haben einen guten Vater.
Hab Dank dafür, lieber Gott!
Paß gut auf ihn auf!


Lieber Gott,
es gibt Kinder,
die keine Eltern haben.
Bei einigen fehlt die Mutter,
bei anderen der Vater.
Manche haben überhaupt niemanden.
Ich danke dir,
daß ich nicht allein bin.
Bitte, guter Gott, laß meine Eltern
noch ganz lange leben!

## Beschütze Oma und Opa!

Lieber Gott,
am Wochenende oder in den Ferien
fahren wir oft zu meinen Großeltern.
Dann gehe ich mit Opa
in seinen schönen Garten.
Dort stehen viele Bienenkörbe,
und Opa erklärt mir,
wie die Bienen den Honig machen.
Er sagt, daß du alle Bienen erschaffen hast.
Ich danke dir dafür, guter Gott.


Lieber Gott, du kennst
meine Oma und meinen Opa.
Du weißt, wie gern ich sie habe.
Mama sagt, daß sie mich zu sehr verwöhnen.
Findest du das auch?
Lieber Gott, ich freue mich,
daß es Oma und Opa gibt.

Lieber Gott,
mit Opa war ich heute im Wald.
Mitten im Wald liegt eine grüne Wiese.
Auf ihr waren zwei Hasen,
die von dem schönen Gras fraßen.
Opa und ich beobachteten sie.
Als die beiden satt waren,
fingen sie an zu spielen.
Sie hüpften im Kreis herum,
einer hinter dem anderen her.
Das sah sehr lustig aus,
und ich mußte laut lachen.
Da bekamen die beiden Hasen
einen großen Schreck.
Wie der Blitz liefen sie
in den Wald.
Danke für das schöne Erlebnis
mit meinem Opa!

Lieber Gott,
meine Großeltern sind schon alt.
Oma kann nicht mehr gut sehen.
Opa hört sehr schlecht,
wenn ich mit ihm spreche.
Du kennst ihre Nöte und Sorgen.
Ich bitte dich, lieber Gott:
Bleib immer bei Oma und Opa!
Wir freuen uns,
daß sie zu uns gehören.
Amen.

## Ich habe gute Freunde

Lieber Gott,
ich habe viele gute Freunde.
Wir machen zusammen schöne Spiele
und haben viel Spaß.
Es ist so schön,
wenn ich mit anderen spielen darf.
Vielen Dank dafür!

Lieber Gott,
in unserer Straße wohnen viele Kinder.
Zuerst kannten wir uns nicht,
jetzt sind wir richtige Freunde.
Wir spielen gern zusammen,
helfen uns gegenseitig,
teilen miteinander, erzählen uns alles
und sind nett zueinander.
Hilf uns, lieber Gott, daß wir
immer gute Freunde bleiben!

Lieber Gott,
ich mag meine Freunde.
Wir verstehen uns gut.
Manchmal gibt es aber auch
Streit und sogar Tränen.
Wir schreien uns an, beschimpfen uns
oder tun uns gegenseitig weh.
Dann bin ich ganz traurig.


Lieber Gott, plötzlich will
keiner mehr mit mir spielen.
Wie kommt das?
Mache ich etwas falsch?
Hilf uns, daß wir uns
schnell wieder vertragen
und gute Freunde bleiben!
Wenn wir nett zueinander sind,
ist es viel schöner.

Lieber Gott,
ich bin sehr viel allein.
Mutter und Vater müssen arbeiten
und sind fast nie zu Hause.
Ist denn niemand für mich da?
Schenke mir einen Freund,
einen, der mit mir spielt,
der mit mir lacht,
dem ich alles erzählen kann!
Lieber Gott, laß mich
nicht so allein sein!
Ich bitte dich:
Hör mein Gebet!
Amen.

Lieber Gott, manchmal bin ich
nicht gut zu meinen Freunden:
Ich helfe ihnen nicht,
ich fange mit ihnen Streit an,
ich bin zornig und trotzig,
ich sage nicht die Wahrheit.
Bitte, lieber Gott,
laß mich anders sein!
Hilf mir, daß ich so bin,
wie du mich haben willst!
Amen.

## *Es gefällt mir im Kindergarten*

Guter Gott, es gefällt mir
in unserem Kindergarten.
Dort machen wir schöne Spiele,
sehen uns bunte Bilderbücher an,
bauen Häuser und Türme,
hören spannende Geschichten
oder malen mit Fingerfarben.
Lieber Gott, ich freue mich
auf jeden neuen Tag
in unserem Kindergarten.
Amen.


Lieber Gott, jeden Tag
bin ich mit vielen Kindern
im Kindergarten zusammen.
Wir spielen miteinander
und vertragen uns gut.
Dafür danke ich dir.

Lieber Gott, morgens bringt mich Mama
in den Kindergarten.
Manchmal gehe ich auch ganz allein hin.
Unterwegs treffe ich viele Leute:
die Nachbarin, den Schornsteinfeger,
den Briefträger, den Pfarrer,
die Eltern von meinen Freunden...
Wir sagen zueinander: „Guten Morgen"
und lächeln uns an.
Danke, lieber Gott,
daß ich viele nette Menschen kenne!


Unsere Erzieherin erzählt uns oft
wunderbare Geschichten.
Heute war es eine Geschichte aus der Bibel:
Wie Jesus auf einer Hochzeit
Wasser zu Wein gemacht hat.
Lieber Gott, ich freue mich,
daß es so schöne Geschichten gibt.

Lieber Gott,
mit unserer Kindergartengruppe
waren wir neulich im Zoo.
Da gibt es viele Tiere zu sehen.
Manche kommen aus anderen Ländern:
Elefanten, Löwen und Zebras...
Am besten hat es mir beim Käfig
mit den vielen Affen gefallen.
Affen sind die drolligsten Tiere.
Ich danke dir für die vielen Tiere.
Du hast sie so schön gemacht.

Lieber Gott,
wir haben im Kindergarten
schöne Laternen gebastelt.
Auf meiner Laterne sieht man
eine Sonne und einen Mond.
Wenn es abends dunkel ist,
gehen wir Kinder auf die Straße.
Unsere Eltern sind meist auch dabei.
Wir singen: „Laterne, Laterne,
Sonne, Mond und Sterne!"
Oder: „Ich geh mit meiner Laterne
und meine Laterne mit mir."
Guter Gott, ich danke dir
für diese schönen Abende.

Lieber Gott, im Kindergarten
ist es mir nie langweilig.
Es macht Spaß,
gemeinsam mit anderen Kindern
zu spielen und zu singen,
zu tanzen und zu basteln.
Jeden Tag lerne ich
etwas Neues hinzu.
Darüber freue ich mich.
Freust du dich auch, lieber Gott,
wenn ich mich freue?

## Spielen ist herrlich

Lieber Gott,
Sand ist etwas Schönes.
Wir können wunderbar darin spielen.
Meistens backe ich viele Kuchen
und spiele „Verkaufen".
Oder ich baue eine große Burg.
Oder ich grabe meine Füße ein.
Das ist herrlich!
Lieber Gott, auch Wasser
ist etwas Schönes.
Ich spiele gern mit Wasser.
Wenn es warm ist,
gehen Mama, Papa und ich zum Baden.
Ich danke dir
für Sand und Wasser.
Amen.

Lieber Gott,
manchmal kommen meine Freunde
zu mir in unser Haus.
Dann setzen wir Puzzle zusammen,
bauen einen Turm mit Legosteinen,
sehen uns Bilderbücher an
oder malen mit Wasserfarben.
Das ist herrlich!
Ich danke dir, guter Gott, für alles Schöne.


Lieber Gott, meine Freunde und ich
spielen besonders gern mit Masken:
mit roten und blauen,
mit grünen und schwarzen.
Wir springen im Haus herum
und singen laut:
„Herein, heraus, herein, heraus,
wir springen durch das ganze Haus!"
Danke für dieses schöne Spiel!

Lieber Gott,
Papa und ich spielen am liebsten
mit der Eisenbahn.
Ich halte den Arm hoch
und rufe: „Der Zug fährt ab!"
Dann fährt der Zug
schnell im Kreis herum.
Papa hat eine Brücke gebaut.
Darüber fährt ein kleines Auto.
Unter der Brücke fährt der Zug.
Bei mir hält er dann an.
So spielen wir viele Male.
Danke für meinen Papa
und für das Eisenbahnspiel!

Lieber Gott,
nach dem Mittagessen geht meine Mama
oft mit mir zum Spielplatz.
Dort gibt es so schöne Geräte:
ein Karussell, einen Kletterturm,
eine Schaukel und eine Rutschbahn.
Viele Kinder sind da,
und wir haben viel Spaß zusammen.
Ich danke dir, lieber Gott,
für diese schönen Spielstunden.


Lieber Gott, es ist schön,
wenn draußen ein starker Wind weht.
Dann lasse ich mit meinem Bruder
(meiner Schwester, meinem Freund...)
unseren bunten Drachen steigen.
Das finde ich ganz toll.
Wenn der Drachen oben ist,
darf ich auch mal die Leine halten.
Ich danke dir, lieber Gott,
daß du den Wind geschaffen hast.

Lieber Gott, heute ist
kein schöner Tag.
Der Wind heult draußen,
der Himmel ist schwarz,
es regnet immerzu.
Wir können nicht
auf den Spielplatz gehen.
Alles sieht traurig aus.
Lieber Gott, es wäre viel schöner,
wenn jeden Tag
die Sonne schiene.
Amen.

# Du schenkst mir soviel Schönes

Lieber Gott,
Papa hat Urlaub, und ich habe Ferien.
Wir fahren zu einem großen See.
Vielen Dank, guter Gott,
daß es Wasser gibt und Seen,
in denen man baden kann!
„Wasser ist ein Geschenk Gottes",
sagen Mama und Papa.


Lieber Gott,
am Nachmittag gehe ich oft
mit Mama ins Freibad.
Das geht aber nur,
wenn die Sonne warm scheint.
Mama hilft mir, daß ich schwimmen lerne.
Bald kann ich es.
Lieber Gott, ich freue mich sehr,
daß Mama mit mir ins Schwimmbad geht.

Lieber Gott,
wir waren heute auf einem Bauernhof.
Dort habe ich viele Tiere gesehen:
Hühner, Kühe, Gänse,
Enten, Schafe und Ziegen.
Papa hat mich auf ein Pferd gesetzt.
Da war ich ganz froh und gar nicht bange.
Wenn ich groß bin,
möchte ich am liebsten reiten lernen.
Ich danke dir, lieber Gott,
daß ich soviel Schönes erleben durfte.


Lieber Gott,
ich habe einen Goldhamster bekommen.
Oma hat ihn mir geschenkt.
Ich habe ihr versprochen,
ihn zu füttern und zu pflegen.
Das will ich jeden Tag tun.
Der Hamster soll es gut bei mir haben.
Danke, lieber Gott,
daß ich einen Goldhamster habe!

Lieber Gott, draußen regnet es.
Da bleibe ich am liebsten zu Hause.
Ich gucke durchs Fenster
und sehe den Autos auf der Straße zu.
Ich schaue meine Bilderbücher an
und spiele mit meiner Eisenbahn.
Ich bitte Mama oder Papa,
mir eine Geschichte zu erzählen.
Lieber Gott, du sorgst dafür,
daß es mir nicht langweilig wird.
Danke!


Lieber Gott,
Mama backt Plätzchen für Weihnachten.
Ich darf ihr dabei helfen.
Aus dem Teig steche ich
Sterne, Blumen und Tiere aus.
Wenn ich es gut gemacht habe,
lobt mich meine Mama.
Schade, daß nur einmal im Jahr
Weihnachten ist!

Guter Vater im Himmel,
heute habe ich Geburtstag.
Alle haben mir gratuliert:
Papa, Mama, meine Geschwister,
die Erzieherin im Kindergarten
und alle Jungen und Mädchen.
Ich habe schöne Geschenke bekommen.
Alle sind heute besonders lieb zu mir.
Du auch, lieber Gott.
Darüber freue ich mich sehr – danke!
Amen.

Lieber Gott!
Ich möchte dir einmal sagen,
was ich alles gern mag.
Ich liege gern auf dem Fußboden
und spiele mit meinen Autos.
Ich füttere gern meinen Hasen.
Ich sehe mir gern Bücher
mit vielen bunten Bildern an.
Ich freue mich auf Besuch,
der mir oft etwas mitbringt.
Ich spiele gern mit meinem Freund.
Ich gehe gern zu Oma und Opa.
Ich danke dir für alles,
was ich gern mag.

Lieber Gott,
es ist Frühling.
Draußen blüht es:
Blumen blühen,
Sträucher blühen,
Bäume blühen.
Du machst alles so schön.
Du machst aus der Welt
eine bunte Welt.
Ich freue mich darüber.
Ich danke dir.


Lieber Gott!
Ein Amselpaar hat
in unserem Garten gebrütet.
Das Nest ist oben in einer Hecke.
Aus den Eiern sind neulich
drei junge Amseln ausgeschlüpft.
Ich beobachte jeden Tag,
wie die Eltern
ihnen Futter bringen.

Einmal kommt der Amselvater,
dann wieder die Amselmutter.
Die Jungen haben großen Hunger.
Wenn sie ihre Eltern hören,
machen sie schon ihre Schnäbel auf.
Lieber Gott, ich danke dir
für die Amseln in unserem Garten.
Paß gut auf sie auf!

Lieber Gott, mit meinen Eltern
war ich auf dem Jahrmarkt.
Mit Mama war ich im Kettenkarussell,
mit Papa in der Schiffschaukel.
Wir haben viel gelacht.
Am schönsten war es im Riesenrad.
Als wir ganz oben waren,
konnte ich über die Stadt sehen.
So schön haben es die Vögel jeden Tag:
Sie sehen die Stadt von oben.
Ich durfte mir auch etwas kaufen:
zwei Luftballons
und ein Lebkuchenherz.
Danke, lieber Gott,
für die Freude auf dem Jahrmarkt!

Lieber Gott,
heute haben wir
einen Ausflug gemacht.
Wir sind auf einen Berg gestiegen.
Der Weg war lang
und gar nicht so leicht.
Papa hat den Rucksack getragen.
Unterwegs
haben wir viel gesehen:
rote und gelbe Blumen,
verschiedene Bäume,
viele Pflanzen
und in der Luft
drei Bussarde.
Auf einer Wiese
haben wir Picknick gemacht.
Da hat es uns gut geschmeckt.
Unser Ausflug war sehr schön,
lieber Gott.
Ich danke dir dafür.

Lieber Gott, ich habe heute
soviel Schönes erlebt:
Mutti hat mir zum Frühstück
ein weiches Ei gekocht.
Im Kindergarten hat mich
die Schwester gelobt.
Beim Wettlauf mit meinen Freunden
war ich der erste.
Vati hat mir
ein neues Bilderbuch mitgebracht...
Lieber Gott, weißt du,
wie ich mich freue,
wenn der Tag so schön ist?
Danke für alles!
Amen.

## Freude bereiten macht froh

Lieber Gott,
Mama ist oft sehr müde,
weil sie soviel für uns tut.
Ich will ihr helfen,
auch wenn ich keine Lust dazu habe.
Laß mich nicht warten,
bis Mama mich darum bittet!
Ich will ihr Freude machen.
Dann bin ich selbst auch froh.


Lieber Gott,
bei uns im Haus wohnt ein Mann,
der immer sehr traurig ist.
Lieber Vater im Himmel,
mach diesen Mann wieder froh!
Laß ihn wieder lachen!
Ich will ihn immer freundlich grüßen.
Vielleicht ist er dann nicht mehr so traurig.

Lieber Gott,
ich male so gern ein Bild:
ein Haus, ein Flugzeug, ein Pferd,
einen Baum oder eine Wiese.
Wenn das Bild fertig ist,
schenke ich es Mama oder Papa.
Ich freue mich,
wenn es meinen Eltern gefällt.
Lieber Gott, es ist schön,
anderen eine Freude zu machen.


Lieber Gott,
dein Sohn Jesus
hat allen Menschen Gutes getan:
Er hat die Traurigen getröstet,
die Kranken gesund gemacht,
den Hungrigen zu essen gegeben.
Lieber Vater im Himmel,
auch ich will
zu allen Menschen gut sein.
Bitte, hilf mir dabei!

Lieber Gott, manchmal merke ich,
daß andere Kinder traurig sind.
Ich möchte ihnen eine Freude machen:
ihnen von meiner Schokolade abgeben,
sie mit meinem Roller fahren lassen,
mit ihnen zusammen spielen.
Lieber Gott, was kann ich
sonst noch Gutes tun?
Mama sagt: Teilen macht froh.


Lieber Gott,
auf der Straße stand ein blinder Mann.
Er spielte auf seiner Drehorgel.
Ich habe ihm etwas Geld
in seinen Hut geworfen.
Da hat er sich gefreut.
Mama sagt, daß du dich auch freust,
wenn ich etwas Gutes tue.

Lieber Gott,
manche Kinder können nicht
bei ihren Eltern wohnen.
Sie leben in einem Heim
oder in anderen Familien.
Guter Gott, schenk ihnen
gute und freundliche Menschen,
die sich liebevoll um sie kümmern!


Bitte, lieber Gott,
schenke mir ein frohes Herz,
damit ich mich freuen
und andere fröhlich machen kann!
Amen.

## Vergiß die Kranken nicht!

Lieber Gott,
ich bin krank und liege im Bett.
Mein Kopf tut mir weh,
und mein Hals ist ganz dick.
Mir ist richtig schlecht.
Ich danke dir,
daß meine Mama für mich sorgt.
Bitte, mach mich wieder gesund!
Kranksein ist nicht schön.


Lieber Gott,
Mama fühlt sich nicht wohl.
Sie liegt auf dem Sofa und weint.
Hoffentlich ist es nicht schlimm!
Bitte, hilf meiner Mama!
Du weißt, wie lieb ich sie habe.
Gib, daß sie bald wieder aufstehen kann,
dann bin ich glücklich und froh!

Guter Gott,
ich kann gar nicht einschlafen,
weil Papa im Krankenhaus liegt.
Mama ist auch ganz traurig.
Bitte, hilf meinem Papa!
Du weißt, wie lieb wir ihn haben.
Wenn du Papa hilfst,
daß er wieder gesund wird,
sind Mama und ich ganz glücklich.
Ich danke dir, lieber Gott.
Amen.

Lieber Gott,
es gibt Menschen,
die nicht sehen oder nicht sprechen,
nicht greifen oder nicht laufen können.
Laß sie nicht traurig sein!
Schenk ihnen Freunde,
die ihnen gern helfen!
Ich will nie über sie lachen,
sondern ihnen helfen, wenn ich es kann.
Danke, daß ich sehen und sprechen,
greifen und laufen kann!


Lieber Gott,
meine Tante (...) ist schwerkrank.
Der Arzt hat gesagt, daß sie sterben muß.
Darüber bin ich sehr traurig.
Aber ich weiß von Mama,
daß meine Tante, wenn sie gestorben ist,
bei dir sein wird. Und da hat sie es gut.
Bei dir kann sie für immer froh sein.
Segne meine Tante, lieber Gott!

Lieber Gott,
ein Schulbus ist verunglückt.
In der Zeitung war ein Bild davon.
Viele Kinder sind verletzt,
einige liegen im Krankenhaus.
Ich bitte dich, guter Gott:
Laß alle Kinder wieder gesund werden!
Hilf den Eltern,
die jetzt traurig sind,
daß sie wieder froh werden!


Lieber Gott,
meine Schwester (mein Bruder)
liegt im Bett und ist krank.
Das ist nicht schön.
Ich habe manchmal Streit mit ihr (ihm)
und ärgere mich über sie (ihn),
aber jetzt fehlt sie (er) mir doch.
Laß sie (ihn) bald wieder aufstehen
und mit mir spielen können!
Darum bitte ich dich, guter Gott.

Guter Gott, ich danke dir,
daß ich gesund bin,
daß ich hören und sehen kann,
daß ich zwei gesunde Hände habe
und zwei gesunde Füße.
Andere Kinder sind behindert.
Sie können nicht hören oder nicht sehen.
Manche haben keine Hände,
andere keine Füße.
Viele müssen im Rollstuhl sitzen.
Lieber Gott, laß auch diese Kinder
fröhlich sein!
Wir wollen uns überlegen,
was ich tun kann,
um ihnen zu helfen.
Amen.

Lieber Gott,
mein Bruder liegt auf der Couch
mit einem verletzten Bein.
Er ist von der Schaukel gefallen.
Der Arzt hat gesagt,
daß er noch drei Tage
liegen muß,
dann darf er wieder aufstehen.
Mama sorgt jeden Tag für ihn.
Sie bringt ihm das Essen,
erzählt ihm Geschichten
und macht Spiele mit ihm.
Lieber Gott,
hilf auch du mit,
daß er bald gesund wird!

Lieber Gott, ich bitte dich
für die Frau, die neben uns wohnt
und nur an Krücken gehen kann,
für meinen Freund im Kindergarten,
der Grippe hat
und im Bett bleiben muß,
für alle kranken Menschen,
die nie Besuch bekommen.
Hilf ihnen und sei ihnen nah!
Schenk ihnen einen Menschen,
der gut zu ihnen ist!
Bitte, hör mein Gebet!
Amen.

Lieber Gott,
du bist gut zu den Menschen.
Du hast Mitleid mit denen,
die krank sind, die weinen,
die viel allein sind.
Ich glaube, du kannst helfen.
Schenk allen deine Nähe!
Bleib immer bei ihnen,
denn sie brauchen dich!
Amen.

## *Heute ist Sonntag*

Lieber Gott, der Sonntag
ist ein besonderer Tag.
Mama hat gesagt, der Sonntag
ist der Tag des Herrn.
Er erinnert uns daran,
daß du Jesus auferweckt hast.
Dafür danken dir alle,
die zu dir gehören.
Auch ich danke dir dafür.
Amen.

Lieber Gott!
Der Sonntag ist dein Tag.
Nach dem Frühstück
gehen meine Eltern und ich
zum Gottesdienst.
Dort hören wir,
was dein Sohn Jesus
gesagt und getan hat.
Wir erfahren,
daß du uns alle liebst.
Das macht mich
sehr froh, lieber Gott.
Amen.


Wenn ich an Jesus glaube,
dann bin ich nicht allein.
Jesus hat uns versprochen,
immer uns nah zu sein.

*Volksgut*

Lieber Gott,
die Glocken läuten.
Du willst uns sagen:
„Kommt in mein Haus!
Ich warte auf euch."
Wir kommen von überallher.
Unterwegs treffen wir
meine Freunde und ihre Eltern,
Nachbarn und Verwandte
und viele andere Menschen.
Wir gehören alle zusammen.
Wir gehören dir.
Darüber freuen wir uns.
Amen.

In der Kirche will ich
mit dir sprechen, lieber Gott.
Ich will dir alles sagen.
Ich will singen und beten.
Ich sehe dich zwar nicht,
aber ich weiß,
daß du mich siehst.
Ich kann dich nicht hören,
aber ich bin sicher,
daß du mich hörst.
Bleibe immer bei mir!
Beschütze mich, guter Gott!
Amen.

Herr, wir preisen deinen Namen,
jetzt und alle Zeiten.
Amen.


Wo ich gehe, wo ich stehe,
bist du, lieber Gott, bei mir.
Wenn ich dich auch niemals sehe,
weiß ich sicher, du bist hier.

*Volksgut*


Lieber Gott,
du bist da,
du hast mich lieb,
du wartest auf mich.
Ich danke dir.
Amen.

Vater unser im Himmel,
geheiligt werde dein Name.
Dein Reich komme.
Dein Wille geschehe,
wie im Himmel so auf Erden.
Unser tägliches Brot gib uns heute.
Und vergib uns unsere Schuld,
wie auch wir vergeben unsern Schuldigern.
Und führe uns nicht in Versuchung,
sondern erlöse uns von dem Bösen.

Denn dein ist das Reich und die Kraft
und die Herrlichkeit in Ewigkeit.
Amen.

Lieber Gott!
Heute ist Sonntag.
Das ist für mich
der schönste Tag
in der Woche.
Da tun Mama, Papa, mein Bruder
und ich vieles gemeinsam.
Wir spielen zusammen,
wir basteln miteinander,
wir machen einen Ausflug,
wir besuchen auch mal
Tante und Onkel...
Lieber Gott, ich danke dir
für den Sonntag.
Amen.

Lieber Gott!
Viele Mütter und Väter
haben auch am Sonntag
für ihre Kinder keine Zeit.
Gib besonders acht
auf diese Kinder!
Zeige ihnen,
daß du sie lieb hast,
daß du immer
bei ihnen bist!
Beschütze und tröste sie!
Amen.

Lieber Gott!
Ein schöner Tag
geht jetzt zu Ende.
Weil Sonntag ist,
bringt mich Papa
heute ins Bett.
Er hat mir gerade
eine schöne Geschichte
aus der Bibel erzählt:
Wie Jesus die Kinder
in die Arme nahm und segnete.
Da haben sich
die Jungen und Mädchen
bestimmt sehr gefreut.
Das hätte mir auch gefallen,
lieber Gott.
Amen.

# Wir feiern das Kirchenjahr

## Advent / Weihnachten

Lieber Gott!
Am 6. Dezember ist Nikolaustag.
Nikolaus hat vor vielen Jahren gelebt.
Er hat Menschen geholfen,
die in Not waren.
Er hat denen, die Hunger hatten,
Brot gegeben.
Er hat den Armen Geschenke gemacht.
Er hat die Traurigen getröstet.
Besonders hat er die Kinder geliebt.
Auch ich möchte anderen helfen.
Ich will mir überlegen, was ich tun kann,
um ihnen eine Freude zu machen!
Amen.

Lieber Gott!
Advent ist eine schöne Zeit.
Auf dem Tisch steht der Adventskranz.
Wir zünden die Kerzen an.
Wir singen viele Lieder zusammen:
Advents- und Weihnachtslieder.
Wir bereiten uns so auf
Weihnachten vor.
Wir wissen: Jesus kommt bald.
Er ist unser Heiland.
Er macht alles gut.
Ich freue mich auf Weihnachten.
Amen.


Lieber Gott,
bald feiern wir Weihnachten,
den Geburtstag Jesu.
Jesus ist vor vielen hundert Jahren
in Betlehem geboren worden.
Er hat uns viel von dir erzählt.
Er hat uns gesagt:

Du bist unser Vater im Himmel.
Du sorgst für uns.
Du hast uns alle sehr lieb.
Dafür danken wir dir, guter Gott.
Amen.


Lieber Gott!
Dein Sohn Jesus ist als kleines Kind
auf die Welt gekommen.
Er ist Mensch geworden.
Er hat das getan,
weil er alle Menschen liebt.
Auch ich will wie Jesus
andere Menschen lieben.
Ich will gut zu ihnen sein.
Lieber Gott, hilf mir dabei!
Amen.

Lieber Gott,
Jesus war ein Kind – wie ich.
Er wurde geboren – wie ich.
Er hatte Eltern – wie ich.
Er hatte Freunde – wie ich.
Er hat gespielt – wie ich.
Er hat sicher oft gelacht – wie ich.
Er hat wohl auch geweint – wie ich.
Jesus ist geworden wie ich.
Lieber Gott, laß mich werden wie er!
Amen.

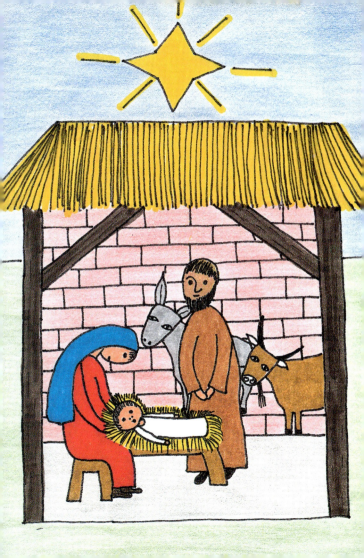

*Passion / Ostern*

Lieber Gott!
Jesus hatte kein leichtes Leben.
Als er ein kleines Kind war,
lag er in einer Futterkrippe.
Als er ein Mann war,
nagelten sie ihn ans Kreuz.
Jesus mußte viel leiden.
Viele Menschen haben ihn gehaßt
und ungerecht behandelt.
Jesus hat sie trotzdem geliebt.
Er hat ihnen vergeben.
Seine Liebe war stärker
als alles Böse.
Ich danke dir für deinen Sohn.
Amen.

Großer Gott,
bald feiern wir das Osterfest.
Mama hat mir erzählt,
daß die Menschen Jesus
getötet haben.
Sie mochten deinen Sohn nicht leiden.
Sie haben ihn ans Kreuz genagelt.
Ich kann das nicht verstehen.
Mama hat aber auch gesagt,
daß Jesus von den Toten auferstanden ist.
Jesus ist nicht tot, er lebt.
Er will bei uns sein.
Er will uns deine Liebe zeigen.
Danke, lieber Gott!
Amen.

Lieber Gott,
heute feiern wir Ostern.
Jesus war tot und ist wieder
von den Toten auferstanden.
Ich freue mich darüber,
daß Jesus lebt
und nie mehr sterben wird.
Ich bitte dich, guter Gott:
Laß Jesus immer bei mir sein!
Ich will sein Freund sein!
Amen.


Deinen Tod, o Herr, verkünden wir,
und deine Auferstehung preisen wir,
bis du kommst in Herrlichkeit!

*Aus der Liturgie*

Guter Gott, zu Ostern ist es
bei uns zu Hause besonders schön.
Wir stellen Blumen auf den Tisch.
Wir suchen im Garten Ostereier.
Wir essen Torte und Kuchen.
Wir machen einen Spaziergang.
Wir haben großen Spaß.
Wir sind fröhlich.
Dabei wollen wir nicht vergessen,
warum wir Ostern feiern:
Jesus ist von den Toten auferstanden!
Jesus lebt und ist bei uns.
Das macht mich richtig froh.
Amen.

*Pfingsten*

Lieber Gott,
die Bibel erzählt uns,
wie es beim ersten Pfingstfest war.
Die Apostel, die Freunde von Jesus,
waren in Jerusalem.
Jesus war nicht mehr bei ihnen.
Die Apostel hatten Angst.
Sie beteten zusammen.
Da kam plötzlich der Heilige Geist
wie Feuer vom Himmel.
Die Apostel waren überrascht.
Sie hatten keine Angst mehr.
Sie riefen laut auf den Straßen:
Jesus lebt! Jesus hat uns lieb!
Jesus ist unser Freund!
Danke, lieber Gott, für diese Botschaft!
Amen.

Lieber Gott!
Fünfzig Tage nach Ostern
feiern wir Pfingsten.
Wir bitten dich, guter Gott:
Schicke uns deinen Geist!
Wir wollen wie die Apostel
stark und mutig werden.
Wir wollen Jesus treu bleiben.
Wir wollen dich,
lieber Vater im Himmel,
von Herzen liebhaben.
Dein Geist kann uns dabei helfen.
Amen.

Lieber Gott,
heute ist Pfingsten.
In der Kirche ist es sehr feierlich.
Ich bitte dich von Herzen:
Sende mir den Heiligen Geist!
Sende ihn zu allen Menschen,
in alle Städte, in jedes Land!
Du bist ein guter Gott.
Du hast uns alle lieb.
Ich will dein Freund sein.
Bitte, hilf mir dabei –
durch deinen Heiligen Geist!
Amen.

*Erntedank*

Lieber Gott,
am Erntedankfest ist es
in unserer Kirche besonders schön.
An diesem Tag hat der Küster
einen großen Tisch aufgestellt.
Darauf liegen viele Dinge:
Äpfel und Birnen,
Trauben und Tomaten,
Mohrrüben und rote Bete,
Rotkohl und Wirsing,
Ähren und Brot.
Das sind alles deine Gaben.
Du hast sie uns geschenkt.
Danke, lieber Gott!
Amen.

Lieber Gott, am Erntedankfest
bringen wir schöne Dinge zum Essen
und Trinken mit in die Kirche.
Wir bringen Brot und Trauben,
Äpfel und Nüsse,
Erbsen und Möhren,
Milch und Honig.
Wir legen alles auf den Altar.
Wir danken dir für die gute Ernte.
Wir danken dir, daß wir jeden Tag
zu essen und zu trinken haben.
Amen.

Lieber Gott,
du bist groß und gut.
Du hast Himmel und Erde erschaffen.
Du hast die Sonne gemacht,
die unsere Erde hell und warm macht.
Du läßt das Korn wachsen,
damit wir genug Brot bekommen.
Von dir kommen die bunten Blumen,
die im Sonnenschein leuchten
und unser Herz erfreuen.
Du hast auch die Tiere erschaffen:
die im Wald und die bei uns zu Hause.
Lieber Gott, auch die Menschen
kommen von dir.
Darüber freue ich mich.
Amen.

Lieber Gott,
du hast alles geschaffen:
die Sonne und den Mond,
die Sterne und die Wolken,
die Blumen und die Bäume,
die Wiesen und die Sträucher,
die Vögel und die Schmetterlinge.
Ich danke dir, lieber Gott,
für all das Schöne.
Ich kann es jeden Tag
mit meinen Augen sehen
und mich freuen.
Du bist ein großer und guter Gott!
Amen.

O Gott, wie groß, wie gut bist du,
wie schön ist deine Welt!
Gib, daß ich dir zulieb auch tu,
was, Vater, dir gefällt!

*Lied*


Vom Anfang der Sonne
bis zu ihrem Niedergang
sei gelobet
der Name des Herrn!

*Aus den Psalmen*

Lieber Gott,
du läßt viele gute Früchte wachsen:
Erdbeeren,
Birnen und Äpfel,
Kirschen,
Tomaten und Trauben,
Pflaumen und Pfirsiche,
Bananen und Aprikosen.
Einige Früchte wachsen in unserem Garten,
andere kauft Mama im Geschäft.
Sie schmecken alle sehr gut.
Lieber Gott,
ich bin froh,
daß es so leckere Früchte gibt.
Ich danke dir dafür.

Kein Tierlein ist auf Erden
dir, lieber Gott, zu klein,
du ließt sie alle werden,
und alle sind sie dein.


Zu dir, zu dir
ruft Mensch und Tier.
Der Vogel dir singt,
das Fischchen dir springt,
die Biene dir summt,
der Käfer dir brummt,
auch pfeifet dir das Mäuslein klein:
Herr Gott, du sollst gelobet sein!

*Clemens Brentano (1778–1842)*

*Laß alle Toten bei dir leben!*

Lieber Gott,
jeden Tag müssen Menschen sterben.
Manche sind alt und krank,
andere haben nichts zu essen,
wieder andere verbluten
bei einem Verkehrsunfall.
Ich bitte dich:
Laß alle Toten bei dir leben!
Laß sie für immer bei dir glücklich sein!
Amen.

Guter Gott,
meine Oma ist gestorben.
Der Arzt hat gesagt,
daß ihr Herz nicht mehr gut war.
Du hast sie zu dir geholt.
Ich bin jetzt sehr traurig,
weil ich doch Oma so gern gehabt habe.
Wir haben viel zusammen gespielt.
Oma hat mir immer schöne Geschichten
erzählt oder vorgelesen.
Sie hat abends mit mir gebetet.
Oma war sehr lieb zu mir.
Ich bitte dich, lieber Gott:
Hab du meine Oma auch lieb!
Laß sie immer bei dir glücklich sein!
Amen.

Lieber Gott!
Heute ist Allerseelen
(Buß- und Bettag, Totensonntag).
Nach dem Gottesdienst sind wir
auf dem Friedhof gewesen.
Viele Menschen haben wir dort gesehen.
Sie schmückten die Gräber ihrer Toten.
Wir haben auf das Grab
von Oma und Opa Tannenzweige gelegt
und ein Licht angezündet.
Oma und Opa sind schon lange tot,
aber wir haben sie nicht vergessen.
Vergiß du sie auch nicht, lieber Gott!
Laß sie für immer bei dir leben!
Amen.